MARIE

Reine de la Paix
Espoir du monde

Les messages de la Vierge Marie
à Medjugorje

P. Guy Girard, s.ss.a.
P. Armand Girard, s.ss.a.

Éditions Paulines & Médiaspaul
Maison Saint Pascal

Composition et mise en page: *Les Éditions Paulines*

Maquette de la couverture: *Antoine Pépin*

Photos: *Guy Girard*

ISBN 2-89039-109-4

Dépôt légal — 4e trimestre 1986
Bibliothèque nationale du Québec
Bibliothèque nationale du Canada

3965, boul. Henri-Bourassa est
Montréal, Qué., H1H 1L1

Médiaspaul
8, rue Madame
75006 Paris

Maison St-Pascal
3719, boul. Gouin Est
Montréal, Qué., H1H 5L8

NOUS DÉDIONS CETTE BROCHURE

à Marie, Reine de la Paix

à Notre Mère qui a tant prié Marie

à notre Mère spirituelle

à tous ceux et celles qui aiment
Marie et qu'Elle nomme
«Mes chers enfants»

Avant-propos

Les messages de la Vierge Marie, Reine de la Paix, furent publiés en langue croate, à l'occasion du 5ième anniversaire des apparitions.

Afin d'en assurer toute la richesse, la traduction fut faite à partir du texte croate[1]. *Nous remercions le Père Janko Bubalo, qui nous a encouragés à en faire la diffusion.*

Nous remercions également les Pères Slavko Barbarick et Ljudevit Rupcic de nous avoir permis de s'inspirer des commentaires qu'ils ont faits dans l'édition croate.

Merci à Marie Reine de la Paix qui nous a manifestement aidés en plaçant sur notre route des collaborateurs et collaboratrices qui désirent garder l'anonymat. Qu'ils en soient bénis et récompensés.

Père Guy Girard, s.ss.a.

---

1. Poruke Mira Medjugorje tome 1 et 2.

Préface

Chers lecteurs,

Nous avons la certitude de répondre au désir de Notre Dame et au vôtre en publiant les messages que, depuis le premier mars 1984, Marie Reine de la Paix, donne à ses enfants de la terre. Ces courts et édifiants messages que Marija Pavlovic transmet tous les jeudis sont, affirme-t-elle, les paroles mêmes (directes, exactes) de Notre Dame qui s'adresse à nous tous.

Ces messages sont des fleurs d'Évangile données à la terre; cependant nous avons conscience que ces messages peuvent être regardés et lus très rapidement. Après la lecture on conclura: « C'est toujours la même chose. » « Cela est une répétition constante. » « Je savais déjà tout cela. » On les placera délicatement de côté, et peut-être qu'on les oubliera complètement.

En agissant ainsi, on se privera de nombreuses grâces. Pourquoi? Parce que l'on n'aura pas su les LIRE, les MÉDITER et les VIVRE. Et pourtant, ces messages sont donnés pour y réfléchir, pour pénétrer leur sens profond et découvrir les liens qu'ils ont avec les messages principaux. Qu'il nous soit permis de vous faire une suggestion. PRENEZ un message par semaine, MÉDITEZ-LE chaque jour, DONNEZ, par votre propre vie, une réponse à cet appel.

Comment faire? Invoquez l'Esprit Saint avant d'en commencer la lecture; puis lisez lentement; goûtez-le simplement. Ayez le courage d'aller jusqu'au cœur du message. Sans vous en rendre compte, des fleurs différentes, mais de toute beauté naîtront dans votre âme. Vous goûterez aux fruits de l'Esprit.

Peu à peu vous serez transformés. Cette transformation se fera de l'intérieur et elle comblera votre âme assoiffée. Les messages si déconcertants par leur simplicité, vous apparaîtront d'une splendeur inouïe. Ils auront fait couler en vous la rosée de l'Évangile. Ce sera la saison des fruits, votre cœur sera dans la joie et cette joie nul ne pourra vous la RAVIR. Vous ne pourrez que rendre gloire au PÈRE ÉTERNEL pour son amour transmis par Jésus et par Marie.

Maintenant, pour mieux saisir les messages donnés par la Très Sainte Vierge Marie à Medjugorje, nous apportons la distinction suivante: les *messages principaux* furent donnés dès le début des apparitions et les *messages particuliers* sont donnés tous les jeudis depuis le premier mars 1984.

LES MESSAGES PRINCIPAUX

Les messages principaux sont: la paix, la foi, la conversion, la prière, le jeûne. Nous en dirons brièvement quelques mots.

La paix

Dès le troisième jour, Notre Dame a donné le premier message: «Paix, paix, paix, rien que la paix.» Et Elle a répété deux fois: «La paix doit régner entre l'homme et Dieu et entre les hommes.» Marija avait vu la croix en arrière de Notre Dame pendant qu'Elle disait ce message. Ce qui veut dire CLAIREMENT que cette paix provient uniquement de Dieu, qui est devenu par Marie, dans le Christ notre «Paix» (Ép 2, 14). Cette paix le monde ne peut pas la donner. Il suffit de regarder autour de nous et en nous pour le SAVOIR. Combien de personnes sont détruites et brisées par leur solitude? Combien de familles écartelées par la séparation et le divorce? Combien de guerres sont allumées entre les peuples?

La paix que la Vierge Marie apporte au monde est celle de l'Évangile. Cette paix, «Le monde ne peut la donner» (Jn 14, 27). Le Christ le savait et c'est pourquoi il a demandé à ses apôtres de la transmettre au monde, afin que tous les hommes deviennent «les fils de la paix» (Jn 10, 1-6). Notre Dame, cette «Reine des Apôtres» s'est présentée à Medjugorje sous le vocable de la «Reine de la Paix». Dans notre monde confronté à la menace de la destruction, personne d'autre que Marie ne peut nous convaincre de la nécessité absolue de la paix. C'est notre bien le plus important et le plus grand.

La foi

Le deuxième message c'est la foi. Notre Dame nous présente dès les 4e, 5e et 6e jours des apparitions l'importance de la foi. Par la suite, Elle va nous le redire souvent. Sans la foi, il n'est pas possible d'arriver à la paix. En d'autres termes, la foi est notre réponse au Dieu révélé — Dieu qui s'offre aux hommes par Jésus. Dans la foi, l'homme reçoit le Christ «notre paix» (Ép 2, 14). C'est en accueillant le Christ que nous sommes renouvelés. C'est une nouvelle vie qui commence. Nous devenons Fils de Dieu (Ép 2, 18). De cette façon, l'homme entre dans la paix de Dieu et par Lui dans la paix avec les hommes. Qui peut connaître mieux que Notre Dame la valeur de la FOI et son besoin pour l'homme d'aujourd'hui? C'est pourquoi Elle va mettre la foi en évidence aux voyants, en les engageant à la transmettre aux autres. Elle donne préférence à la foi avant tout le reste. Elle la place comme première condition dans la réalisation de n'importe quel besoin.

La conversion

Le message de la conversion est aussi fréquent. La foi de l'homme d'aujourd'hui est faible ou presque nulle. Il faut l'éveiller. Et pour cela, il faut la conversion, la vraie, celle qui consiste à «purifier les cœurs» (Jr 4, 14) car le cœur impur, crée et maintient les mauvaises relations entre les systèmes sociaux; il maintient des lois injustes et des structures serviles. Or, sans un changement radical, c'est-à-dire qui va jusqu'aux replis les plus secrets du cœur, il n'y a pas de conversion. Et sans conversion, pas de paix. C'est pourquoi Notre Dame demande continuellement la confession fréquente (sacrement du pardon). Cette demande Elle l'adresse à tous les hommes sans aucune différence car: «Il n'y a pas d'homme juste...» (Rm 3, 11-12), «tous se sont égarés loin de Dieu, ensemble ils se sont perdus.»

La prière

C'est à partir du 5e jour des apparitions que Notre Dame invite presque quotidiennement à la prière. Elle demande à tous les hommes de prier sans cesse, comme Jésus son Fils l'a exigé (Mt 9, 38; Lc 11, 5.13). La prière nourrit et fortifie la foi. Par la prière, l'homme manifeste son lien vital avec Dieu. Il le reconnaît comme CRÉATEUR et SAUVEUR. De là, la prière d'adoration, de louange, de remerciement, de demande; prières qui affermissent l'homme, l'invitant à des rencontres quotidiennes avec son Dieu. Sans cela il n'est pas possible de maintenir la paix avec Dieu et avec les hommes. La prière est une nécessité vitale qui oxygène l'âme et la fait grandir dans l'intimité avec son Dieu. Ne pas enseigner à des enfants à prier c'est commettre un crime contre l'humanité! Or, plus on accordera du temps à la prière, plus on en trouvera; moins on en accordera, moins on en trouvera.

Par la prière, l'homme proclame Dieu et l'Évangile avec conviction et rallume la foi chez les autres hommes. Marie Reine de la Paix se fait insistante sur la prière.

Le jeûne

Depuis le 6e jour des apparitions, Notre Dame recommande souvent le jeûne, car il est au service de la foi. Par le jeûne, l'homme éprouve et confirme son pouvoir sur lui-même. Ne peut être libre que l'homme qui a le pouvoir sur lui-même! Alors il est capable de se donner à Dieu et à son prochain ainsi que la foi l'exige. Le jeûne donne la garantie à l'homme que son abandon dans la foi est sûr et sincère. Le jeûne aide à se libérer de tout esclavage, avant tout, du péché. Est esclave celui qui n'est pas maître de soi. Le jeûne conduit à cette maîtrise que l'homme doit avoir, pour éviter toutes tendances vers les plaisirs exagérés qui le conduisent à dépenser sans égards les biens temporels dont les autres ont besoin pour leur existence.

Par le jeûne, on acquiert des biens qui peuvent nous aider à rendre concret notre amour envers les misérables et les pauvres et, de cette manière, en atténuer la différence. De cette façon ne rétablit-on pas une forme de paix qui est en péril à cause de ces différences énormes entre riches et pauvres?

D'après les messages de Notre Dame, il ressort que la *Paix* est le plus grand bien et que la foi, la conversion, la prière et le jeûne sont les seules conditions pour pouvoir *la* réaliser.

LES MESSAGES PARTICULIERS

Les cinq messages principaux (paix, conversion, prière, jeûne, foi) ont été donnés au tout début des apparitions. Ils ont été donnés pour le monde entier. Notre Dame, depuis le 1er mars 1984, tous les jeudis, principalement par Marija, a commencé à donner des messages particuliers, pour la paroisse de Medjugorje et les pèlerins qui y viennent. Notre Dame a choisi à part *les six voyants, la paroisse* et *les pèlerins* pour ses TÉMOINS et ses COLLABORATEURS. Dans le premier message Elle dit: « J'ai choisi cette paroisse d'une façon particulière et je désire la guider. » Elle le confirmera plus tard dans un message « ... et d'une façon spéciale, j'ai choisi cette paroisse qui m'est plus chère que d'autres où Je suis restée volontiers lorsque le Très-Haut m'a envoyée (21 mars 1985) ».

Notre Dame insiste: « Cher enfants, vous, de la paroisse, convertissez-vous... Ainsi tous ceux qui viendront ici pourront se convertir » (8 mars 1984). « Je vous invite, spécialement, vous de cette paroisse à vivre mes messages... » (16 août 1984). En premier, il faut que les *paroissiens* et les *pèlerins* deviennent les témoins des apparitions et vivent ses messages pour se joindre à Elle. Ensuite, il faut travailler tous ensemble avec les voyants, afin que la réalisation de son plan sur le monde s'accomplisse: la conversion du monde et sa réconciliation avec Dieu.

Notre Dame connaît bien la nature et les faiblesses des paroissiens et des pèlerins. Cependant, c'est avec eux qu'Elle désire collaborer pour le salut du monde. Elle est consciente qu'une force surnaturelle est nécessaire pour cela. Alors, elle les entraîne et les guide vers la *source* de cette force. En premier lieu, c'est la *prière*. Elle la recommande ardemment, à chaque occasion, avec toujours plus d'insistance. D'une façon plus particulière, Elle souligne la *sainte messe* (7 mars 1985; 16 mai 1985), la dévotion continuelle au *très Saint Sacrement* (15 mars 1984), à l'*Esprit Saint* (2 juin 1984; 9 juin 1984; 11 avril 1985; 9 mai 1985; 16 mai 1985; 23 mai 1985) et la *lecture de la Bible* (18 octobre 1984; 14 février 1985).

Par les messages particuliers, donnés à la paroisse de Medjugorje et aux pèlerins, Notre Dame désire ainsi faire approfondir et mieux vivre les cinq messages principaux donnés pour le monde entier. Elle les rend aussi plus compréhensibles et plus acceptables.

Ce qui caractérise Medjugorje, ce n'est pas la fréquence des apparitions et la durée (déjà 5 ans), mais c'est surtout les messages et la façon de les transmettre et de les réaliser. Remarquons que Notre Dame a choisi plus de témoins que jamais. Elle n'a pas seulement choisi six voyants pour ses témoins et ses collaborateurs, mais toute LA PAROISSE (1er mars 1984).

Notre Dame, envoyée et inspirée par Dieu, fait un plan et choisit ses collaborateurs. Tout d'abord, Elle commence par un petit groupe qu'Elle doit préparer et éduquer. Ce petit groupe, ce sont les VOYANTS qui, comme le levain, va petit à petit pénétrer le monde entier. Puis, aux voyants s'ajoutent toute LA PAROISSE de Medjugorje et ensuite progressivement TOUS LES PÈLERINS. Elle va dire: «Je vous demande, spécialement à vous de cette paroisse, de vivre mes messages et de les transmettre aux autres (16 août 1984).» Elle les appelle à la lumière qu'ils doivent porter à «tous les hommes qui sont dans les ténèbres (14 mars 1985)».

La Très Sainte Vierge est pédagogue et quelle pédagogue! Cela se manifeste dans sa manière de présenter ses demandes. Elle offre tout, mais fait ses demandes progressivement. Elle part du plus petit au plus grand; du plus facile au plus difficile; du plus élémentaire au plus perfectionné. Il suffit de se rappeler qu'au début Notre Dame a recommandé seulement les sept *Notre Père*, les sept *Je vous salue Marie*, les sept *Gloire au Père* et le *Credo*. Avec le temps, elle ajoutera un chapelet, puis le *Rosaire* au complet (14 août 1984; 25 juin 1985). Cette demande a été adressée d'abord à quelques personnes, puis aux familles (6 décembre 1984; 14 février 1985; 2 et 7 mars 1985).

À ces prières s'ajouteront, par la suite, les demandes de confession mensuelle, de communion, d'assistance à la messe, de dévotion au Très Saint Sacrement, de lecture de la Bible. Elle fera la même chose avec le jeûne. Elle recommande d'une façon générale, puis Elle va préciser au pain et à l'eau et, ceci, le mercredi et le vendredi (14 août 1984; 20 septembre 1984). Ce jeûne, Elle demande de le faire avec discernement de la part de chacun. Si, au début, Elle avait demandé tout cela, personne n'aurait répondu. De cette façon, sa pédagogie a incité un grand nombre de gens, des personnes et des communautés, non seulement à Medjugorje mais partout à travers le monde, à accepter ses demandes. La Très Sainte Vierge ne renonce pas à son plan d'action à cause de nos lenteurs dans l'acceptation de ses messages. Parfois Elle est triste (10 avril 1984; 14 février 1985), mais Elle voit le progrès et s'en réjouit (17 mai 1984; 2 août 1984). Elle a besoin des autres pour accomplir sa mission. C'est pourquoi Elle le dira aux voyants, aux paroissiens et à TOUS LES PÈLERINS. «Chers enfants, vous m'avez aidée par vos prières à ce que se réalisent mes plans. Priez encore pour qu'ils se réalisent totalement...» (27 septembre 1984). Elle n'oublie pas de remercier. Presque tous les messages se terminent par ces mots: «Merci d'avoir répondu à mon appel.»

Père Guy Girard, s.ss.a.
Père Armand Girard, s.ss.a.

Les messages

1er mars 1984

« Chers enfants, j'ai choisi d'une façon particulière cette paroisse et je désire la guider. Dans l'amour, je la garde et je voudrais que vous soyez tous miens. Je vous remercie d'être là ce soir. Je voudrais que vous soyez toujours de plus en plus nombreux avec mon Fils et moi. Chaque jeudi, je dirai pour vous un message particulier. »

8 mars 1984

« Je vous remercie d'avoir répondu à mon appel. Chers enfants, vous, de la paroisse convertissez-vous. C'est mon second désir. Ainsi tous ceux qui viendront ici pourront se convertir. »

15 mars 1984

« Ce soir aussi, chers enfants, je vous suis particulièrement reconnaissante de votre présence ici.

Adorez continuellement le Très Saint Sacrement. Je suis toujours présente quand les croyants adorent. Ils reçoivent alors des grâces particulières. »

22 mars 1984

« Chers enfants, ce soir, je vous invite d'une façon particulière, durant ce Carême, à vénérer les plaies de mon Fils, qu'Il a portées pour les péchés de cette paroisse. Unissez-vous à ma prière pour la paroisse afin que ses souffrances soient supportables. Je vous remercie d'avoir répondu à mon appel. Efforcez-vous de venir aussi nombreux que possible. »

29 mars 1984

« Chers enfants, ce soir, d'une façon particulière, je voudrais vous inviter à la persévérance dans les épreuves. Réfléchissez combien le Tout-Puissant, aujourd'hui, souffre encore à cause de vos péchés. Et quand surviennent les souffrances, offrez-les en sacrifice à Dieu. Je vous remercie d'avoir répondu à mon appel. »

5 avril 1984

« Chers enfants, ce soir, je vous demande particulièrement de vénérer le Coeur de mon Fils Jésus. Faites des réparations pour les blessures infligées au Cœur de mon Fils. Ce cœur blessé par toutes sortes de péchés. Je vous remercie d'être venus aussi ce soir. »

12 avril 1984

« Cher enfants, aujourd'hui je vous demande de cesser les médisances et de prier pour l'unité de la paroisse, car mon Fils et moi avons un plan particulier pour cette paroisse. Je vous remercie d'avoir répondu à mon appel. »

19 avril 1984

« Chers enfants, compatissez avec moi. Priez, priez, priez. »

26 avril 1984

La Très Sainte Vierge n'a donné aucun message.

30 avril 1984

La voyante Marija a demandé à la Vierge Marie: « Chère Gospa, pourquoi ne nous as-tu pas donné de message, jeudi, pour la paroisse? »

Suite à cette question, la Gospa a répondu: « Je ne désire obliger personne à rien qu'il ne ressente ni ne désire; bien que j'avais pour la paroisse des messages particuliers, par lesquels je désirais réveiller la foi de chaque croyant. Mais seulement très peu ont accepté les messages du jeudi. Au début, ils étaient assez nombreux, mais c'est devenu pour eux comme une habitude. Et maintenant, ces derniers temps, quelques-uns demandent le message par curiosité, et non par foi et par dévotion envers mon Fils et moi. »

10 mai 1984

Beaucoup de croyants ont été touchés par le dernier message de la Gospa. Quelques-uns ont pressenti que la Gospa ne dirait plus de message pour la paroisse. Pourtant, ce soir, Elle a dit ceci: « Je vous parle et désire vous parler encore. Écoutez seulement mes recommandations. »

17 mai 1984

« Chers enfants, aujourd'hui j'ai beaucoup de joie parce que plusieurs d'entre vous désirent se consacrer à moi. Je vous remercie. Vous ne vous trompez pas. Mon Fils Jésus Christ veut, par moi, vous accorder des grâces particulières. Mon Fils se réjouit de votre abandon. Je vous remercie parce que vous avez répondu à mon appel. »

24 mai 1984

« Chers enfants, déjà je vous ai dit vous avoir choisis d'une façon particulière tels que vous êtes.

Moi, la Mère, je vous aime tous. Et à chaque instant, quand c'est difficile pour vous, n'ayez pas peur. Car je vous aime, même quand vous êtes loin de mon Fils et de moi.

Je vous demande de ne pas permettre à mon cœur de verser des larmes de sang à cause des âmes qui se perdent dans le péché. Pour cela, chers enfants, priez, priez, priez. Je vous remercie d'avoir répondu à mon appel. »

31 mai 1984

C'était la fête de l'Ascension. Il y avait beaucoup d'étrangers. La Gospa ne donna pas de message pour la paroisse. Elle a dit à Marija qu'Elle donnera samedi un message à annoncer à la messe du dimanche.

2 juin 1984

« Chers enfants, ce soir, je voudrais vous dire de prier durant les jours de cette neuvaine pour que l'Esprit Saint se répande sur vos familles et sur votre paroisse. Priez, vous ne le regretterez pas. Dieu vous fera des dons pour lesquels vous Le glorifierez jusqu'à la fin de votre vie terrestre. Je vous remercie d'avoir répondu à mon appel. »

9 juin 1984

« Chers enfants, demain soir, priez pour l'Esprit de Vérité. Particulièrement, vous de la paroisse, car vous avez besoin de l'Esprit de Vérité pour transmettre les messages tels quels, sans y ajouter ni retrancher rien; tels que je les ai dits. Priez l'Esprit Saint qu'Il vous donne l'esprit de prière, pour que vous priiez davantage. Moi, votre Mère, je vous le dis: vous priez peu. Je vous remercie d'avoir répondu à mon appel.»

14 juin 1984

Aucun message particulier n'est donné.

21 juin 1984

«Priez, priez, priez. Je vous remercie d'avoir répondu à mon appel.»

28 juin 1984

Aucun message particulier n'est donné.

5 juillet 1984

«Chers enfants, aujourd'hui je voudrais vous dire de prier avant chaque travail et de le finir avec la prière. Si vous faites ainsi, Dieu bénira et vous et votre travail. Ces jours-ci, vous priez peu et travaillez beaucoup. Priez davantage. Dans la prière vous vous reposerez. Je vous remercie d'avoir répondu à mon appel.»

12 juillet 1984

«Chers enfants, ces jours-ci, Satan voudrait empêcher tous mes plans. Priez afin que son plan ne se réalise pas. Je prierai mon Fils Jésus qu'Il vous donne la grâce de voir dans les épreuves de Satan, la victoire de Jésus. Je vous remercie d'avoir répondu à mon appel.»

19 juillet 1984

«Chers enfants, ces jours-ci, vous avez senti comment agit Satan. Je suis toujours avec vous. N'ayez pas peur des épreuves, car Dieu veille toujours sur vous. Je me suis donnée à vous et je compatis avec vous, même dans les moindres épreuves. Je vous remercie d'avoir répondu à mon appel.»

26 juillet 1984

«Chers enfants, aujourd'hui encore, je voudrais vous inviter à persévérer dans la prière et la pénitence. En particulier, que les jeunes de cette paroisse soient plus actifs dans leurs prières. Je vous remercie d'avoir répondu à mon appel.»

2 août 1984

«Cher enfants, aujourd'hui, je suis joyeuse et je vous remercie de vos prières. Priez davantage ces jours-ci pour la conversion des pécheurs. Je vous remercie d'avoir répondu à mon appel. »

11 août 1984

« Chers enfants, priez parce que Satan essaie continuellement d'embrouiller mes plans. Priez avec le cœur et offrez-vous à Jésus dans la prière. »

14 août 1984

Cette apparition était inattendue. Yvan priait chez lui. Puis il commença à se préparer pour aller à l'église pour l'office du soir. Tout à coup, la Gospa lui est apparue et lui a dit de transmettre ce message au monde: « Je voudrais que le monde prie ces jours-ci à mes côtés. Et le plus possible. Qu'il jeûne rigoureusement mercredi et vendredi. Qu'il prie chaque jour au moins le Rosaire: les mystères joyeux, douloureux et glorieux. »

La Gospa a demandé que nous acceptions ce message avec une ferme volonté. Elle le demanda particulièrement aux paroissiens et aux croyants des environs.

16 août 1984

« Chers enfants, je vous demande spécialement à vous de cette paroisse, de vivre mes messages et de les transmettre aux autres, à tous ceux que vous rencontrez. Je vous remercie d'avoir répondu à mon appel.»

23 août 1984

«Priez, priez, priez.»

Marija dit qu'Elle invite aussi les gens, et particulièrement les jeunes, à maintenir l'ordre dans l'église durant la messe.

30 août 1984

«Chers enfants, la croix sur le mont Krizevac était dans le plan de Dieu quand vous l'avez construite. Ces jours-ci spécialement, allez sur la montagne et priez devant la croix. J'ai besoin de vos prières. Je vous remercie d'avoir répondu à mon appel.»

6 septembre 1984

«Chers enfants, sans prière, il n'y a pas de paix. C'est pourquoi je vous dis: chers enfants, priez devant la Croix pour la paix. Je vous remercie d'avoir répondu à mon appel.»

13 septembre 1984

«Chers enfants, j'ai continuellement besoin de vos prières. Vous vous demandez, pourquoi tant de prières? Retournez-vous, chers enfants, et vous verrez comment le péché a gagné la terre. Pour cela, priez pour que Jésus triomphe. Je vous remercie d'avoir répondu à mon appel.»

20 septembre 1984

«Chers enfants, aujourd'hui, je vous invite à commencer à jeûner avec le cœur. Il y a des personnes qui jeûnent parce qu'elles voient jeûner les autres. Le jeûne est devenu une habitude que personne ne veut interrompre. Je demande à la paroisse de jeûner pour remercier de ce que Dieu m'ait permis de rester aussi longtemps dans cette paroisse. Chers enfants, priez et jeûnez avec le cœur. Je vous remercie d'avoir répondu à mon appel.»

27 septembre 1984

«Chers enfants, vous m'avez aidée par vos prières à ce que se réalisent mes plans. Priez encore pour qu'ils se réalisent totalement. Je demande aux familles de la paroisse de réciter le Rosaire en famille. Je vous remercie d'avoir répondu à mon appel.»

4 octobre 1984

«Chers enfants, aujourd'hui je voudrais dire que vous me réjouissez souvent par vos prières. Mais il y en a assez qui, dans la paroisse même, ne prient pas et mon cœur en est triste. Pour cela, priez afin que je puisse porter tous vos sacrifices et prières au Seigneur. Je vous remercie d'avoir répondu à mon appel. »

11 octobre 1984

« Chers enfants, je vous remercie d'offrir toutes vos peines à Dieu et surtout en ce moment quand Il vous éprouve par les fruits que vous récoltez *. Sachez, chers enfants, qu'Il vous aime et, pour cela, Il vous éprouve. Offrez toujours tous les fardeaux à Dieu et ne vous faites pas de soucis. Je vous remercie d'avoir répondu à mon appel. »

13 octobre 1984

« Mes très chers fils, aujourd'hui mon Fils Jésus m'a permis de vous rassembler ici pour vous donner ce message à vous et pour tous ceux qui m'aiment. Mes très chers fils, priez constamment. Demandez à l'Esprit Saint qu'Il vous inspire toujours. Dans tout ce que vous demandez et dans tout ce que vous faites, ne désirez qu'une chose, celle d'accomplir uniquement la Sainte Volonté de Dieu. Mes très chers fils, merci d'avoir répondu à mon appel de venir ici. » Il y avait 200 prêtres ce jour-là.

---

* L'épreuve avait été une longue pluie au milieu des vendanges qui causa de gros dommages aux raisins.

18 octobre 1984

« Chers enfants, aujourd'hui, je vous demande de lire, chaque jour dans vos maisons, la Sainte Bible, et de la placer en évidence, d'où elle vous incitera à la lire et à prier. Merci d'avoir répondu à mon appel. »

25 octobre 1984

« Chers enfants, priez durant ce mois. Dieu m'a permis chaque jour de vous aider par des grâces afin de vous défendre contre le mal. Ce mois est le mien. Je voudrais vous le donner. Priez seulement, et Dieu vous donnera les grâces que vous demandez. Je vous aiderai en cela. Je vous remercie d'avoir répondu à mon appel. »

1er novembre 1984

« Chers enfants, aujourd'hui je vous invite au renouvellement de la prière dans vos maisons. Les travaux des champs sont finis. Maintenant, consacrez-vous à la prière. Que la prière soit à la première place dans vos familles. Je vous remercie d'avoir répondu à mon appel. »

8 novembre 1984

« Chers enfants, vous n'êtes pas conscients du message que Dieu vous envoie par moi. Il vous donne de grandes grâces et vous ne comprenez pas. Priez l'Esprit Saint pour qu'Il vous éclaire. Si vous saviez combien Dieu vous donne de grâces, vous prieriez sans cesse. Je vous remercie d'avoir répondu à mon appel. »

15 novembre 1984

« Chers enfants, vous êtes le peuple élu et le Seigneur vous a donné beaucoup de grâces. Vous n'êtes pas conscients de chaque message que je vous donne. Maintenant, je voudrais vous dire seulement: priez, priez, priez. Je ne sais que vous dire d'autre, parce que je vous aime et je voudrais que vous connaissiez, dans la prière, mon Amour et l'Amour de Dieu. Je vous remercie d'avoir répondu à mon appel. »

22 novembre 1984

« Chers enfants, ces jours-ci, vivez tous les messages et qu'ils soient enracinés dans vos cœurs jusqu'à jeudi prochain. Merci d'avoir répondu à mon appel. »

29 novembre 1984

« Chers enfants, non, vous ne savez pas encore aimer et vous n'écoutez pas avec amour les paroles que je vous donne. Soyez conscients, mes bien-aimés, que je suis votre Mère et que je suis venue sur la terre pour vous apprendre à écouter avec amour, à prier avec amour et non pas contraints par la croix. Par la croix, Dieu se glorifie en chaque homme. Merci d'avoir répondu à mon appel.»

6 décembre 1984

«Chers enfants, ces jours-ci, je vous invite à la prière familiale. Au nom de Dieu, je vous ai donné plusieurs fois des messages, mais vous ne m'avez pas écoutée. Ce Noël sera pour vous inoubliable, pourvu que vous acceptiez les messages que je vous donne. Chers enfants, ne permettez pas que le jour de la joie soit pour moi le jour le plus triste. Je vous remercie d'avoir répondu à mon appel.»

13 décembre 1984

«Chers enfants, vous savez que le temps de la joie approche et sans amour vous ne pouvez rien obtenir. C'est pourquoi, en premier, commencez à aimer votre famille, tous les gens dans la paroisse, et alors vous pourrez aimer et accepter tous ceux qui viendront ici. Maintenant, que cette semaine soit la semaine où vous devez apprendre à aimer. Je vous remercie d'avoir répondu à mon appel.»

20 décembre 1984

«Chers enfants, aujourd'hui, je vous invite à faire quelque chose de concret pour Jésus Christ. Je voudrais que chaque famille de la paroisse apporte, en signe d'abandon, une fleur, jusqu'au jour de la joie. Je voudrais que chaque membre de la famille ait une fleur près de la crèche, que Jésus puisse venir et voir votre abandon à Lui.»

25 décembre 1984

La Gospa n'a pas donné de message, mais Elle est apparue en tenant l'Enfant Jésus dans ses bras.

27 décembre 1984

«Chers enfants, pour ce Noël, Satan a voulu de façon particulière troubler les plans divins. Vous avez, chers enfants, le jour même de Noël reconnu Satan. Mais Dieu a remporté la victoire dans tous vos cœurs. Que vos cœurs continuent d'être joyeux. Je vous remercie d'avoir répondu à mon appel.»

21 décembre 1984: message pour Jelena Vasilj

«Je voudrais que vous soyez comme une fleur qui va s'ouvrir à Noël pour Jésus. Une fleur qui ne cessera pas de fleurir ni après Noël. Je voudrais que vos cœurs soient pasteurs pour Jésus.»

3 janvier 1985

«Chers enfants, ces jours-ci, le Seigneur vous a accordé de grandes grâces. Que cette semaine soit la semaine de l'action de grâce pour toutes les grâces que Dieu vous a accordées. Je vous remercie d'avoir répondu à mon appel.»

10 janvier 1985

«Chers enfants, aujourd'hui aussi, je voudrais vous remercier pour tous les sacrifices, et tout particulièrement merci à ceux qui sont devenus chers à mon cœur et qui viennent ici volontiers. Il y a des paroissiens qui n'écoutent pas les messages, mais à cause de ceux qui sont près de mon cœur d'une manière spéciale, à cause d'eux, je donne des messages à la paroisse. Et je continuerai à en donner parce que je vous aime et je souhaite que vous propagiez mes messages avec votre cœur.»

14 janvier 1985

Message donné à Vicka: «Mes chers enfants, Satan est si puissant et il emploie toute sa force pour faire obstacle à mes plans que j'ai commencés pour vous. Priez, priez sans cesse, et ne vous arrêtez pas un instant. Moi aussi, je prierai mon Fils afin que se réalisent tous mes plans que j'ai commencés. Soyez patients et persévérants dans vos prières! Ne vous laissez pas décourager par

Satan. Il est très puissant en ce monde. Soyez prudents. »

17 janvier 1985

« Chers enfants, ces jours-ci, Satan lutte sournoisement contre cette paroisse, et vous, chers enfants, vous vous êtes endormis dans la prière et peu nombreux sont ceux qui vont à la messe. Résistez aux jours d'épreuves. Merci d'avoir répondu à mon appel. »

24 janvier 1985

« Chers enfants, ces jours-ci, vous avez pu sentir la douceur divine à travers le renouveau qui s'est fait dans cette paroisse. Satan veut travailler encore plus fort pour enlever en chacun de vous votre joie. Par la prière, vous pouvez le désarmer complètement et vous assurer votre bonheur. Merci d'avoir répondu à mon appel. »

31 janvier 1985

« Chers enfants, aujourd'hui, je veux vous demander d'ouvrir vos cœurs à Dieu, à l'image des fleurs qui, au printemps, désirent tellement la présence du soleil! Je suis votre Mère et je voudrais que vous soyez toujours plus près du Père et qu'Il offre à vos cœurs des dons en abondance. Merci d'avoir répondu à mon appel. »

7 février 1985

« Chers enfants, ces jours-ci, Satan se manifeste d'une façon particulière dans la paroisse. Priez, chers enfants, pour que se réalisent les desseins de Dieu et que toute action de Satan finisse à la gloire de Dieu. Je suis restée aussi longtemps pour vous aider dans les épreuves. Merci d'avoir répondu à mon appel. »

14 février 1985

« Chers enfants, aujourd'hui, c'est le jour où je donne les messages pour la paroisse, mais toute la paroisse n'accepte pas les messages et ne les vit pas. Je suis triste, et j'aimerais, chers enfants, que vous m'écoutiez et viviez mes messages. Chaque famille doit dire la prière en famille et lire la Bible. Merci d'avoir répondu à mon appel. »

21 février 1985

« Chers enfants, jour après jour, je vous ai appelés au renouveau et à la prière dans votre paroisse, mais vous ne l'acceptez pas. Aujourd'hui, je vous y invite pour la dernière fois. C'est le temps du Carême et vous, en tant que paroisse, pouvez pendant cette période, par amour pour mon appel, prendre initiative. Si vous ne le faites pas, je ne souhaite plus vous donner de messages. Dieu me le permet. Merci d'avoir répondu à mon appel. »

28 février 1985

«Chers enfants, aujourd'hui, je vous invite à vivre cette semaine ces paroles: «J'aime Dieu.» Chers enfants, vous obtiendrez tout par l'Amour, et même ce que vous croyez impossible. Dieu veut que cette paroisse Lui appartienne entièrement. Moi aussi, je le souhaite. Merci d'avoir répondu à mon appel.»

7 mars 1985

«Chers enfants, je vous invite à renouveler la prière dans vos familles. Chers enfants, encouragez les très jeunes à prier et à aller à la Sainte Messe. Merci d'avoir répondu à mon appel.»

14 mars 1985

«Chers enfants, dans votre vie, vous avez tous expérimenté la lumière et les ténèbres. Dieu donne à chaque personne la connaissance du bien et du mal. Je vous appelle à la lumière que vous devez apporter à tous les gens qui sont dans les ténèbres. De jour en jour, les gens qui sont dans les ténèbres viennent dans vos maisons. Donnez-leur, chers enfants, la lumière. Merci d'avoir répondu à mon appel.»

21 mars 1985

« Chers enfants, je veux vous donner les messages et, par conséquent, aujourd'hui aussi, je vous appelle à vivre et à accepter mes messages. Chers enfants, je vous aime; et d'une façon spéciale, j'ai choisi cette paroisse qui m'est plus chère que d'autres où je suis restée volontiers quand le Très-Haut m'a envoyée. Par conséquent, je vous appelle: acceptez-moi, chers enfants, pour votre bien-être. Écoutez mes messages. Merci d'avoir répondu à mon appel. »

24 mars 1985

« Chers enfants, je désire vous appeler tous à la confession, même si vous vous êtes confessés il y a quelques jours. Je désire que vous viviez le jour de ma fête au dedans de vous. Vous ne le pouvez pas, si vous ne vous livrez pas à Dieu complètement. C'est pourquoi je vous appelle tous à la réconciliation avec Dieu. »

28 mars 1985

« Chers enfants, aujourd'hui, je veux vous appeler: priez, priez, priez! Dans la prière vous connaîtrez la plus grande joie et le moyen de résoudre toute situation qui ne semble pas avoir de solution. Merci de progresser dans la prière. Chaque individu est cher à mon cœur et je remercie tous ceux d'entre vous qui ont rallumé la prière dans leur famille. Merci d'avoir répondu à mon appel. »

4 avril 1985, Jeudi Saint

« Chers enfants, je vous remercie parce que vous commencez à penser davantage à la gloire de Dieu dans vos cœurs. Aujourd'hui, c'est le jour où je désirais arrêter de donner les messages parce que certains ne les acceptent pas. La paroisse a répondu et je désire continuer de donner des messages comme cela n'a jamais été auparavant dans l'histoire depuis le commencement du monde. Merci d'avoir répondu à mon appel. »

5 avril 1985

« Vous les paroissiens, avez une grande et lourde croix. Mais n'ayez pas peur de la porter. Mon Fils est là pour vous aider. »

11 avril 1985

« Chers enfants, aujourd'hui, je désire dire à chacun dans la paroisse de prier d'une façon spéciale pour recevoir les lumières de l'Esprit Saint. À partir d'aujourd'hui, Dieu veut éprouver la paroisse d'une façon spéciale afin de la fortifier dans la foi. Merci d'avoir répondu à mon appel. »

18 avril 1985

« Chers enfants, aujourd'hui, je vous remercie pour toute l'ouverture de vos cœurs. La joie m'envahit pour chaque coeur qui s'ouvre à Dieu, spécialement dans la paroisse. Réjouissez-vous avec moi. Dites toutes les prières pour l'ouverture des cœurs des pécheurs. Je le veux, Dieu le veut à travers moi. Merci d'avoir répondu à mon appel. »

25 avril 1985

« Chers enfants, aujourd'hui, je veux vous dire de commencer à travailler dans vos cœurs comme vous travaillez dans les champs. Travaillez et changez vos cœurs afin que l'Esprit nouveau de Dieu puisse habiter en vos cœurs. Merci d'avoir répondu à mon appel. »

2 mai 1985

« Chers enfants, aujourd'hui, je vous appelle à la prière du cœur et non par routine. Certains viennent, mais ne désirent pas avancer dans la prière. C'est pourquoi, je désire vous aviser comme une Mère, priez pour que la prière prévale dans vos cœurs à chaque instant. Merci d'avoir répondu à mon appel. »

9 mai 1985

« Chers enfants, non, vous ne savez pas combien Dieu vous accorde de grâces! Vous ne voulez pas vous mettre en mouvement en ces jours où l'Esprit Saint agit de façon particulière. Vos cœurs sont tournés vers les choses de la terre et elles vous préoccupent. Retournez vos cœurs à la prière et demandez à ce que l'Esprit Saint se répande sur vous. Merci d'avoir répondu à mon appel. »

16 mai 1985, Ascension

« Chers enfants, je vous appelle à une prière plus active et à une plus grande participation à la messe. Je désire que la messe soit pour vous une expérience de Dieu. Je désire dire spécialement aux jeunes: soyez ouverts au Saint-Esprit parce que Dieu veut vous attirer à Lui en ces jours où Satan est actif. Merci d'avoir répondu à mon appel. »

23 mai 1985

« Chers enfants, ces jours-ci, je vous invite spécialement à ouvrir vos cœurs à l'Esprit Saint. Ces jours-ci, l'Esprit Saint agit à travers vous. Ouvrez vos cœurs et offrez votre vie à Jésus pour qu'Il agisse à travers vos cœurs et puisse vous fortifier dans la foi. Merci d'avoir répondu à mon appel. »

30 mai 1985

« Chers enfants, je vous invite de nouveau à la prière du cœur. Chers enfants, que la prière soit votre nourriture quotidienne, spécialement quand le travail des champs prend toute votre énergie et que vous ne pouvez pas prier avec votre cœur. Priez et de cette façon vous surmonterez toute fatigue. La prière sera votre joie et votre repos. Merci d'avoir répondu à mon appel.»

6 juin 1985

«Chers enfants, ces jours-ci, viendront dans la paroisse des gens de toutes les nations. Et maintenant, je vous invite à l'amour. Aimez d'abord les membres de votre famille, et ensuite vous pourrez accepter et aimer tous ceux qui viennent. Merci d'avoir répondu à mon appel.»

13 juin 1985

«Chers enfants, je vous invite jusqu'à l'anniversaire des apparitions, vous de la paroisse, à prier davantage. Que votre prière devienne signe d'offrande à Dieu. Chers enfants, je sais que vous êtes fatigués. Non, vous ne savez pas vous abandonner à moi. Abandonnez-vous totalement à moi ces jours-ci. Merci d'avoir répondu à mon appel.»

20 juin 1985

«Chers enfants, pour cette fête, je veux vous dire d'ouvrir vos cœurs au Seigneur de tous les cœurs.

Donnez-moi tous vos sentiments et tous vos problèmes. Je veux vous consoler dans vos épreuves. Je voudrais vous combler de paix, de joie et d'amour de Dieu. Merci d'avoir répondu à mon appel.»

25 juin 1985

Jour anniversaire des apparitions. Marija Pavlovic a demandé à Notre Dame de la Paix: «Que désirez-Vous dire aux prêtres?»

La Gospa a répondu: «Je vous exhorte à inviter tout le monde à la prière du Rosaire. Avec le Rosaire, vous vaincrez toutes les difficultés que Satan veut faire à l'Église Catholique. Tous les prêtres, priez le Rosaire, consacrez du temps au Rosaire.»

28 juin 1985

«Chers enfants, aujourd'hui, je vous donne le message par lequel je veux vous appeler à l'humilité. Ces jours-ci, vous avez senti une grande joie pour tous ces gens qui venaient et vous leur avez raconté avec amour vos expériences. Maintenant je vous invite à continuer de parler avec humilité et le cœur ouvert à tous ceux qui viennent. Merci d'avoir répondu à mon appel.»

4 juillet 1985

« Chers enfants, je vous remercie pour chaque sacrifice que vous avez fait. Et maintenant, je vous incite à offrir tous vos sacrifices avec amour. Je désire que vous, qui êtes désemparés, commenciez à aider avec confiance les pèlerins, et le Seigneur vous donnera dans la mesure de votre confiance. »

11 juillet 1985

« Chers enfants, j'aime la paroisse et je la protège, avec mon manteau, de chaque entreprise de Satan. Priez pour que Satan s'enfuie de cette paroisse et de chaque personne qui vient à la paroisse. De cette manière, vous serez capables d'entendre chaque appel de Dieu et d'y répondre par votre vie. Merci d'avoir répondu à mon appel. »

18 juillet 1985

« Chers enfants, je vous invite à mettre plus d'objets bénis dans vos maisons, et que chaque personne porte des objets bénis sur soi. Que tous les objets soient bénis. Ainsi, Satan vous tentera moins parce que vous aurez une armure contre Lui. Merci d'avoir répondu à mon appel. »

Depuis le premier mars 1984,
Marija transmet tous les jeudis
un « MESSAGE » de Marie, Reine de la Paix,
à la paroisse.

Je vous salue, Marie, Comblée de grâce,
le Seigneur est avec vous,
vous êtes bénie entre toutes les femmes
et Jésus, le fruit de vos entrailles est béni.

Sainte Marie, Mère de Dieu,
priez pour nous pécheurs,
maintenant et à l'heure de notre mort. Amen.

13 octobre 1985.

UN SIGNE DANS LE CIEL

Nous étions à l'entrée de Medjugorje.
Il était 15 heures 30.
Le soleil avait pris la forme
d'une immense hostie dans le ciel,
avec une dimension d'épaisseur.
Tous les deux, nous regardions ce ciel bleu sans nuage.
Aucune difficulté à porter notre regard
sur ce soleil devenu blanc comme une hostie.
Une première photo fut prise. On a prié.
Une seconde photo pour nous assurer
que ce n'était pas une illusion d'optique.

Revenant au Canada,
la diapositive nous donna et le soleil et l'hostie.
Marie, Reine de la Paix,
nous faisait comprendre alors,
que le Christ Jésus présent dans la Sainte Eucharistie,
éclipse tous les soleils.
C'est pourquoi à Medjugorje, comme témoin oculaire,
on ne voyait que l'immense hostie blanche.
Le soleil était là, mais on ne le voyait pas.
Quel cadeau de Marie!
Du ciel une réponse était donnée
pour nous et pour vous:
« Ne doutez pas de la PRÉSENCE RÉELLE du Christ
dans l'hostie consacrée. »

Gloire au Père, au Fils et au Saint-Esprit
au Dieu qui est, qui était et qui vient
pour les siècles des siècles. Amen.

Plus de cinq millions de personnes
se sont rendues dans cette église.
La Très Sainte Vierge Marie
leur a fait découvrir et réaliser
qu'ils étaient tous ENFANTS DE DIEU.

Notre Père qui es aux cieux
que ton nom soit sanctifié
que ton règne vienne
que ta volonté soit faite sur la terre comme au ciel.

Donne-nous aujourd'hui notre pain de ce jour.
Pardonne-nous nos offenses
comme nous pardonnons
aussi à ceux qui nous ont offensés
et ne nous soumets pas à la tentation,
mais délivre-nous du mal. Amen.

25 juillet 1985

«Chers enfants, je désire vous guider, mais vous ne voulez pas écouter mes messages. Aujourd'hui, je vous invite à écouter mes messages, ainsi vous allez pouvoir vivre tout ce que Dieu me dit de vous transmettre. Ouvrez-vous à Dieu et Dieu agira à travers vous et vous donnera le nécessaire. Merci d'avoir répondu à mon appel.»

1er août 1985

«Chers enfants, je désire vous dire que j'ai choisi cette paroisse et que je la porte dans mes mains comme une petite fleur qui ne veut pas mourir. Je vous invite à vous abandonner à moi, afin que je puisse vous offrir à Dieu frais et sans péché. Satan a pris une partie du plan et veut le posséder. Priez pour qu'il ne réussisse pas, parce que je vous désire à moi, pour que je puisse vous offrir à Dieu. Merci d'avoir répondu à mon appel.»

8 août 1985

«Chers enfants, aujourd'hui, je vous invite, et en particulier maintenant, à commencer le combat contre Satan par la prière. Satan désire agir davantage maintenant que vous êtes conscients de son activité. Armez-vous contre Satan et vous vaincrez le Rosaire à la main. Merci d'avoir répondu à mon appel.»

15 août 1985

«Chers enfants, aujourd'hui, je vous bénis et je veux vous dire que je vous aime. Je vous incite à vivre mes messages. Aujourd'hui, je vous bénis tous, avec la bénédiction solennelle que le Très-Haut m'a accordée. Merci d'avoir répondu à mon appel.»

22 août 1985

«Chers enfants, aujourd'hui, j'aimerais vous dire que le Seigneur veut vous mettre à l'épreuve, que vous pouvez vaincre par la prière. Dieu vous met à l'épreuve par les travaux de tous les jours. Maintenant, priez pour surmonter tranquillement chaque épreuve. Dans toutes les épreuves que Dieu permet, sortez plus ouverts à Dieu et approchez Dieu avec plus d'amour. Merci d'avoir répondu à mon appel.»

29 août 1985

«Chers enfants, je vous invite à la prière, particulièrement lorsque Satan veut se servir des récoltes de vos vignes. Priez pour qu'il ne réussisse pas son plan. Merci d'avoir répondu à mon appel.»

5 septembre 1985

«Chers enfants, aujourd'hui, je vous remercie

pour toutes vos prières. Priez continuellement et davantage pour que Satan soit loin de ce lieu. Chers enfants, le plan de Satan a échoué. Priez pour que le plan de Dieu se réalise dans cette paroisse. Je remercie spécialement les jeunes pour les sacrifices qu'ils ont offerts. Je vous remercie d'avoir répondu à mon appel.»

12 septembre 1985

«Chers enfants, je veux vous dire que ces jours-ci, la Croix doit être au centre de votre vie. Priez spécialement devant la Croix, d'où viennent de grandes grâces. Maintenant, faites dans vos maisons une consécration spéciale à la Croix. Promettez de ne pas offenser Jésus ni la Croix et de ne pas Le blasphémer. Je vous remercie d'avoir répondu à mon appel.»

20 septembre 1985

«Chers enfants, aujourd'hui, je vous invite à vivre dans l'humilité tous les messages que je vous donne. Chers enfants, ne vous glorifiez pas de vivre les messages et de dire: "Je vis les messages." Si vous portez les messages dans vos cœurs et les vivez, tous le monde s'en apercevra; ainsi, il n'y aura pas besoin de paroles, qui ne servent qu'à ceux qui n'écoutent pas. Vous n'avez pas besoin de parler par des mots. Ce qui vous est nécessaire, chers enfants, c'est vivre et témoigner par votre vie. Merci d'avoir répondu à mon appel.»

26 septembre 1985

« Chers enfants, je vous remercie pour toutes les prières. Je vous remercie pour tous les sacrifices. Je désire vous dire, chers enfants, de revivre les messages que je vous donne. Surtout revivez le jeûne, parce qu'avec le jeûne, vous allez me réjouir et obtenir que se réalise entièrement le projet que le Seigneur a ici à Medjugorje. Merci d'avoir répondu à mon appel. »

3 octobre 1985

« Chers enfants, je désire vous dire d'être reconnaissants au Seigneur pour chaque grâce qu'Il vous a donnée. Remerciez le Seigneur pour tous les fruits et louez-Le. Chers enfants, apprenez à remercier pour les petites choses et, ensuite, vous pourrez Le remercier pour les grandes. Merci d'avoir répondu à mon appel. »

10 octobre 1985

« Chers enfants, aujourd'hui, j'aimerais vous appeler à vivre les messages de la paroisse; en particulier, j'aimerais appeler les jeunes de cette paroisse qui m'est si chère. Chers enfants, si vous vivez les messages, vous vivrez les germes de la sainteté. Comme Mère je voudrais vous appeler tous à la sainteté pour que vous puissiez aussi la transmettre à d'autres. Vous êtes un miroir pour les autres. Merci d'avoir répondu à mon appel. »

17 octobre 1985

« Chers enfants, il y a un temps pour chaque chose. Aujourd'hui, je vous invite à commencer à travailler vos cœurs. Tous les travaux des champs sont terminés. Vous arrivez à trouver le temps pour nettoyer les coins les plus délaissés mais vous laissez vos cœurs de côté. Travaillez davantage et nettoyez chaque recoin de vos cœurs avec amour. Merci d'avoir répondu à mon appel. »

24 octobre 1985

« Chers enfants, je désire de jour en jour vous revêtir de sainteté, de bonté, d'obéissance et d'amour pour Dieu, afin que, de jour en jour, vous puissiez être plus beaux et plus préparés pour votre Seigneur. Chers enfants, écoutez et vivez mes messages. Je veux vous guider. Merci d'avoir répondu à mon appel. »

31 octobre 1985

« Chers enfants, aujourd'hui, je veux vous inviter à travailler dans l'Église. Je vous aime tous d'un même amour et, pour tous, je souhaite que chacun fasse autant qu'il peut. Je sais, chers enfants, que vous le pouvez, mais vous ne le désirez pas, parce que vous vous sentez petits et faibles en ces choses. Vous devez être courageux et avec des petites fleurs, contribuer à l'Église et à Jésus afin que tous soient contents. Merci d'avoir répondu à mon appel. »

7 novembre 1985

« Chers enfants, je vous invite à l'amour du prochain, surtout envers ceux qui vous apportent le mal. Ainsi, vous allez pouvoir juger les intentions des cœurs avec l'amour. Priez et aimez, chers enfants. Avec la force de l'amour, vous serez aussi capables d'accomplir les choses qui vous paraissent impossibles. Merci d'avoir répondu à mon appel. »

14 novembre 1985

« Chers enfants, Moi, votre Mère, je vous aime. Je désire vous inciter à la prière. Chers enfants, je ne me lasse jamais, je vous appelle même si vous êtes loin de mon cœur. Je suis mère; j'ai mal à cause de chaque personne qui se perd, mais je pardonne facilement et je me sens heureuse pour chaque enfant qui revient vers moi. Merci d'avoir répondu à mon appel. »

21 novembre 1985

« Chers enfants, j'aimerais vous dire que ce temps est là spécialement pour vous, de cette paroisse. Pendant l'été vous dites que vous avez beaucoup de travail. Maintenant, il n'y a pas de travaux à faire dans les champs, travaillez donc sur vous-mêmes. Venez à la messe, car ce temps vous est donné à vous. Chers enfants, il y en a tellement qui viennent régulièrement malgré le mauvais temps, car ils m'aiment et ils veulent me montrer leur amour d'une manière spéciale. Je vous demande de montrer votre amour en venant à la messe, le Seigneur vous récompensera généreusement. Merci d'avoir répondu à mon appel.»

28 novembre 1985

«Chers enfants, je veux vous remercier tous, pour tout ce que vous avez fait pour moi, surtout les jeunes. Je vous prie, chers enfants, d'entrer consciencieusement dans la prière, et c'est dans la prière que vous connaîtrez la majesté de Dieu. Merci d'avoir répondu à mon appel.»

5 décembre 1985

«Chers enfants, je vous invite à vous préparer à la fête de Noël par la pénitence, la prière et des actes d'amour. Ne vous préoccupez pas, chers enfants, des choses matérielles, parce qu'ainsi vous ne seriez pas capables de vivre la fête de Noël. Merci d'avoir répondu à mon appel.»

12 décembre 1985

«Chers enfants, à Noël, je vous invite à louer Jésus ensemble avec moi. Ce jour-là, je vous le donne d'une manière spéciale et vous invite à fêter Jésus et sa naissance avec moi. Chers enfants, ce jour-là, priez davantage. Et pensez plus à Jésus. Merci d'avoir répondu à mon appel.»

19 décembre 1985

«Chers enfants, aujourd'hui, j'aimerais vous inviter à l'amour du prochain. Si vous vouliez aimer votre prochain, vous sentiriez mieux Jésus, surtout le jour de Noël. Dieu vous accordera de grands dons si vous vous abandonnez à Lui. Au jour de Noël, j'aimerais donner ma bénédiction spéciale, maternelle aux mères et Jésus bénira les autres de sa bénédiction. Merci d'avoir répondu à mon appel.»

26 décembre 1985

«Chers enfants, je veux remercier ceux d'entre vous qui ont écouté mes messages et qui ont vécu le jour de Noël, ce que j'ai dit. À partir de maintenant, vous êtes purifiés du péché et j'aimerais continuer à vous guider dans l'amour. Confiez-moi vos cœurs. Merci d'avoir répondu à mon appel.»

2 janvier 1986

«Chers enfants, je vous invite à vous décider entièrement pour Dieu. Je vous prie, chers enfants, de vous donner totalement et vous serez capables de vivre tout ce que je vous dis. Il ne vous sera pas difficile de vous donner entièrement à Dieu. Merci d'avoir répondu à mon appel.»

9 janvier 1986

«Chers enfants, je vous invite à aider Jésus avec vos prières pour la réalisation de tous les plans qu'Il a déjà commencés ici. Offrez vos sacrifices à Jésus afin qu'Il puisse réaliser tout ce qu'Il avait planifié et que Satan ne puisse rien faire. Merci d'avoir répondu à mon appel.»

16 janvier 1986

«Chers enfants, aujourd'hui aussi, je vous invite à la prière; j'ai besoin de vos prières pour que Dieu soit glorifié à travers vous tous. Chers enfants, je vous prie d'écouter et de vivre mon appel de Mère. Je vous invite seulement, poussée par l'amour, pour pouvoir vous aider. Merci d'avoir répondu à mon appel.»

23 janvier 1986

«Chers enfants, je vous invite de nouveau à la

prière du cœur. Si vous priez avec le cœur, chers enfants, la glace de vos frères fondra et chaque barrière disparaîtra. La conversion sera facile pour tous ceux qui veulent la recevoir. C'est un don que vous devez implorer pour votre prochain. Merci d'avoir répondu à mon appel.»

30 janvier 1986

«Chers enfants, aujourd'hui, je vous invite tous à prier pour que se réalisent les plans de Dieu avec nous et tout ce que Dieu désire à travers vous. Aidez les autres à se convertir, spécialement tous ceux qui viennent à Medjugorje. Chers enfants, ne permettez pas que Satan devienne le maître de vos cœurs parce que, dans ce cas, vous deviendrez l'image de Satan et non pas la mienne. Je vous invite à prier afin que vous deveniez les témoins de ma présence. Sans vous, le Seigneur ne peut pas réaliser tout ce qu'Il désire. Le Seigneur vous a donné à tous une volonté libre et vous pouvez en disposer. Merci d'avoir répondu à mon appel.»

6 février 1986

«Chers enfants, cette paroisse que j'ai choisie est une paroisse spéciale et se distingue des autres. C'est pourquoi j'offre de grandes grâces à tous ceux qui prient avec le cœur. Chers enfants, je donne d'abord les messages aux paroissiens et, après, à tous les autres. Vous devez les accepter en premier et, ensuite, tous les autres. Vous serez responsables devant mon Fils Jésus et moi. Merci d'avoir répondu à mon appel.»

13 février 1986

«Chers enfants, ce Carême est pour vous un stimulant spécial pour un changement de vie. Commencez dès maintenant. Débranchez la télévision et laissez tomber les choses diverses qui ne sont pas utiles pour vous. Chers enfants, je vous invite à la conversion individuelle. Ce temps est pour vous. Merci d'avoir répondu à mon appel.»

20 février 1986

«Chers enfants, le deuxième message pour les jours de Carême: il faut renouveler la prière devant la Croix. Chers enfants, je vous offre des grâces particulières, et Jésus, des dons particuliers de la Croix. Accueillez-les et vivez-les. Méditez la passion de Jésus et dans la vie, unissez-vous à Jésus. Merci d'avoir répondu à mon appel.»

27 février 1986

«Chers enfants, vivez dans l'humilité les messages que je vous donne. Merci d'avoir répondu à mon appel.»

6 mars 1986

«Chers enfants, aujourd'hui encore, je vous appelle à vous ouvrir davantage à Dieu pour qu'Il puisse agir à travers vous. Autant vous vous ouvrez, autant vous recevez des fruits. Je désire de nouveau vous appeler à la prière. Merci d'avoir répondu à mon appel.»

13 mars 1986

«Chers enfants, aujourd'hui, je vous appelle à vivre le Carême avec vos petits sacrifices. Merci pour chaque sacrifice que vous m'avez apporté. Chers enfants, continuez à vivre ainsi. Avec amour, aidez-moi à présenter l'offrande; pour cela, Dieu vous en récompensera. Merci d'être venus à mon invitation.»

20 mars 1986

«Chers enfants, aujourd'hui, je vous invite à entrer activement dans la prière. Vous désirez vivre tout ce que je vous dis et vous n'y réussissez pas parce que vous ne priez pas. Chers enfants, je vous en prie, ouvrez-vous et commencez à prier. La prière sera un plaisir pour vous si vous commencez. Elle ne vous ennuiera pas car vous prierez dans la joie. Merci d'avoir répondu à mon appel.»

27 mars 1986

«Chers enfants, je désire vous remercier pour tous les sacrifices et je vous invite à un plus grand sacrifice, le sacrifice de l'amour. Sans amour vous ne pouvez accepter ni mon Fils, ni moi. Sans amour, vous ne pouvez transmettre aux autres votre expérience. Pour cela, je vous invite, chers enfants, à commencer à vivre l'amour dans vos cœurs. Merci d'avoir répondu à mon appel.»

3 avril 1986

«Chers enfants, je désire vous inviter à vivre la Sainte Messe. Il y en a beaucoup parmi vous qui ont ressenti la beauté de la Messe, mais il y en a aussi d'autres qui ne viennent pas volontiers. Je vous ai choisis, chers enfants, mais Jésus donne ses grâces pendant la Messe. À cause de cela, vivez consciemment la Sainte Messe et que chaque venue à la Messe soit pour vous pleine de joie. Venez avec l'amour et acceptez la Sainte Messe. Merci d'avoir répondu à mon appel.»

10 avril 1986

«Chers enfants, je désire vous inviter à grandir dans l'amour. Une fleur ne peut pas, sans eau, grandir normalement, et de même vous, chers enfants, sans la bénédiction divine vous ne pouvez pas grandir. Vous devez nécessairement de jour en jour rechercher la bénédiction pour que vous puissiez grandir normalement et que vous puissiez faire avec Dieu tout le travail. Merci d'avoir répondu à mon appel.»

17 avril 1986

«Chers enfants, vous êtes préoccupés pour les choses matérielles et dans le matériel vous perdez tout ce que Dieu désire vous donner. Je vous invite, chers enfants, à prier pour les dons du Saint-Esprit qui vous sont nécessaires maintenant pour que vous puissiez témoigner de ma présence ici, de tout ce que je vous donne. Chers enfants, abandonnez-vous à moi pour que je puisse vous guider pleinement. Ne vous préoccupez pas pour les choses matérielles. Merci d'avoir répondu à mon appel.»

24 avril 1986

«Chers enfants, aujourd'hui, je vous invite à prier. Chers enfants, vous oubliez que vous êtes tous importants. En particulier les anciens sont importants dans la famille. Incitez-les à prier. Que tous les jeunes soient un exemple de vie pour les autres et qu'ils témoignent pour Jésus. Chers enfants, je vous prie de commencer à changer à travers la prière et vous saurez ce que vous devez faire. Merci d'avoir répondu à mon appel.»

1er mai 1986

« Chers enfants, je vous prie de commencer à changer votre vie dans la famille. Que la famille soit une fleur harmonieuse que je désire donner à Jésus. Chers enfants, que chaque famille soit active dans la prière, mais je désire qu'un jour on voit aussi les fruits dans la famille. Seulement ainsi, je vous offrirai tous comme des pétales à Jésus dans la réalisation des plans de Dieu. Merci d'avoir répondu à mon appel. »

8 mai 1986

« Chers enfants, vous êtes responsables des messages. Ici est la source des grâces. Vous êtes, chers enfants, les vases qui transportent les dons. Voici pourquoi je vous invite, chers enfants, à travailler à vos tâches avec responsabilité. Chacun aura à répondre pour sa mesure. Chers enfants, je vous invite à donner avec amour le don aux autres et à ne pas le réserver pour vous-mêmes. Merci d'avoir répondu à mon appel. »

15 mai 1986

« Chers enfants, aujourd'hui, je vous invite à me donner votre cœur pour que je puisse le changer et qu'il soit semblable à mon cœur. Vous vous demandez, chers enfants, pourquoi vous ne pouvez répondre à ce que je demande de vous. Vous ne pouvez pas parce que vous ne m'avez pas donné votre cœur pour que je le change. Vous dites et ne faites pas. Je vous invite à faire tout ce que je vous demande. Ainsi je serai avec vous. Merci d'avoir répondu à mon appel. »

22 mai 1986

« Chers enfants, aujourd'hui, je désire vous donner mon amour. Vous ne savez pas, chers enfants, comme est grand mon amour et vous ne savez pas l'accepter. De diverses manières, je désire vous le témoigner mais vous, chers enfants, vous ne le reconnaissez pas. Vous ne comprenez pas mes paroles avec le cœur et alors vous ne pouvez pas comprendre ni mon amour. Chers enfants, acceptez-moi dans votre vie et ainsi vous pourrez accepter tout ce que je vous dis et ce à quoi je vous invite. Merci d'avoir répondu à mon appel. »

29 mai 1986

« Chers enfants, aujourd'hui, je vous invite tous à vivre l'amour envers Dieu et envers le prochain. Sans amour, chers enfants, vous ne pouvez rien. Voici pourquoi, chers enfants, je vous invite à vivre un amour réciproque, seulement ainsi vous pourrez aimer et accepter, et moi et tous ceux qui sont autour de vous, tous ceux qui viennent dans votre paroisse. Tous percevront mon amour à travers vous. Voici pourquoi je vous prie, chers enfants, de commencer à partir d'aujourd'hui à aimer d'un amour brûlant, l'amour par lequel je vous aime. Merci d'avoir répondu à mon appel.»

5 juin 1986

«Chers enfants, aujourd'hui, je vous invite à vous décider si vous voulez vivre les messages que je vous donne. Je désire que vous soyez actifs pour vivre et transmettre les messages. En particulier, chers enfants, je désire que vous soyez tous le reflet de Jésus qui rayonnera sur ce monde infidèle qui marche dans les ténèbres. Je désire que vous soyez pour tous la lumière et que vous témoignez dans la lumière. Chers enfants, vous n'êtes pas appelés aux ténèbres mais vous êtes appelés à la lumière. C'est pourquoi vivez la lumière dans votre vie. Merci d'avoir répondu à mon appel.»

12 juin 1986

«Chers enfants, aujourd'hui, je vous invite à commencer à prier avec une foi vive le Rosaire. Ainsi je pourrai vous aider. Chers enfants, vous désirez recevoir des grâces, mais vous ne priez pas. Je ne peux pas vous aider si vous ne voulez pas vous mettre en marche. Chers enfants, je vous invite à prier le Rosaire afin que le Rosaire vous soit un engagement que vous accomplirez avec joie. Ainsi, vous allez comprendre pourquoi je suis aussi longtemps avec vous. Je vais vous apprendre la prière. Merci d'avoir répondu à mon appel.»

19 juin 1986

« Chers enfants, dans ces jours, le Seigneur m'a permis de vous obtenir des grâces en plus. Pour cette raison, je désire vous inviter de nouveau à prier. Priez sans cesse, comme cela je peux vous donner la joie que le Seigneur me donne. Avec ces grâces, chers enfants, je désire que vos souffrances se transforment en joie. Je suis votre Mère et je désire vous aider. Merci d'avoir répondu à mon appel. »

26 juin 1986

« Chers enfants, Dieu m'a permis de réaliser avec Lui cette oasis de paix. Je vais vous inviter à la conserver et qu'elle soit intacte. Il y a des gens qui, par leur indifférence, anéantissent la paix et la prière. Je vous invite à témoigner et à aider par votre vie à la conserver. Merci d'avoir répondu à mon appel. »

3 juillet 1986

« Chers enfants, aujourd'hui, je vous invite tous à la prière. Sans la prière, chers enfants, vous ne pouvez percevoir ni Dieu, ni moi, ni les grâces que je vous donne. Voici pourquoi je vous invite afin que le commencement et la fin de votre journée soient toujours une prière. Je désire vous guider, chers enfants, de jour en jour, le plus possible dans la prière, mais vous ne pouvez pas grandir car vous ne le désirez pas. Je vous invite, chers enfants, afin que la prière soit pour vous à la première place. Merci d'avoir répondu à mon appel. »

10 juillet 1986

« Chers enfants, aujourd'hui, je vous appelle à la sainteté. Vous ne pouvez pas vivre sans la sainteté. C'est pourquoi, avec l'amour, triomphez de chaque péché; avec l'amour, triomphez aussi de toutes les difficultés qui viennent à vous. Chers enfants, je vous prie de vivre en vous l'amour. Merci d'avoir répondu à mon appel. »

17 juillet 1986

« Chers enfants, aujourd'hui, je vous invite à réfléchir pourquoi je suis si longtemps avec vous. Je suis la médiatrice entre vous et Dieu. C'est pourquoi je désire vous inviter à vivre toujours par amour tout ce que Dieu attend de vous. Chers enfants, en toute humilité, vivez tous les messages que je vous donne. Merci d'avoir répondu à mon appel. »

24 juillet 1986

« Chers enfants, je me réjouis à cause de tous ceux d'entre vous qui êtes sur le chemin de la sainteté. Je vous invite à aider par votre témoignage tous ceux qui ne savent pas vivre saintement. C'est pourquoi, chers enfants, que votre famille soit ce lieu où naît la sainteté. Aidez tout le monde à vivre saintement, mais d'une façon particulière, tous les membres de votre propre famille. Merci d'avoir répondu à mon appel.»

31 juillet 1986

«Chers enfants, la haine engendre la discorde et elle ne voit personne, ni rien. Je vous invite à toujours apporter la bonne entente et la paix, en particulier, chers enfants, à la place où vous vivez. Agissez avec amour. Que votre unique moyen soit toujours l'amour. Par l'amour, convertissez en bien tout ce que Satan désire détruire et s'approprier. Seulement ainsi, vous serez complètement à moi et je pourrai vous aider. Merci d'avoir répondu à mon appel.»

7 août 1986

«Chers enfants, vous savez ce que je vous ai promis: une oasis de paix. Vous ne savez pas qu'à côté de l'oasis existe un désert où Satan épie et désire éprouver chacun d'entre vus. Chers enfants, c'est seulement par la prière que vous pouvez triompher de chaque influence de Satan. Là où vous êtes, je suis avec vous mais je ne peux pas vous priver de votre liberté. Merci d'avoir répondu à mon appel.»

14 août 1986

«Chers enfants, je vous invite à ce que votre prière soit la joie de la rencontre avec le Seigneur. Je ne peux pas vous conduire jusque là tant que vous ne vous sentez pas dans la joie de la prière. Je désire vous conduire plus profondément de jour en jour dans la prière mais je ne peux pas vous y contraindre. Merci d'avoir répondu à mon appel.»

21 août 1986

«Chers enfants, je vous remercie pour l'amour que vous me témoignez. Vous savez, chers enfants, que je vous aime infiniment et que de jour en jour je prie le Seigneur de vous aider à comprendre l'amour que je vous témoigne. C'est pourquoi, chers enfants, priez, priez, priez. Merci d'avoir répondu à mon appel.»

28 août 1986

«Chers enfants, je vous invite à être en tout un exemple pour les autres, spécialement dans la prière et dans le témoignage. Chers enfants, sans vous je ne peux pas aider le monde. Je désire que vous collaboriez avec Moi en tout, même dans les plus petites choses. Pour cette raison, chers enfants, aidez-Moi, que votre prière soit la prière du cœur et que vous vous abandonniez totalement à Moi. À cette condition je pourrai vous enseigner et vous guider sur ce chemin que j'ai commencé avec vous. Merci d'avoir répondu à mon appel.»

4 septembre 1986

«Chers enfants, aujourd'hui encore, je vous invite à la prière et au jeûne. Sachez chers enfants qu'avec votre aide je peux tout faire et empêcher Satan de vous induire en erreur et le contraindre à s'éloigner de cet endroit. Satan guette, chers enfants, chacun de vous. Il désire spécialement, dans les choses quotidiennes, semer le doute en chacun de vous. C'est pourquoi chers enfants, je vous invite à ce que votre journée ne soit que prière et abandon total à Dieu. Merci d'avoir répondu à mon appel.»

11 septembre 1986

«Chers enfants, pendant ces jours où vous célébrez la fête de la Croix dans la joie, je désire que votre croix soit, pour vous aussi, joie. En particulier, chers enfants, priez pour pouvoir accepter la maladie et la souffrance avec amour comme Jésus les a acceptées. Uniquement de cette façon, je pourrais avec joie vous accorder des grâces et des guérisons que Jésus me permet de vous donner. Merci d'avoir répondu à mon appel.»

18 septembre 1986

« Chers enfants, aujourd'hui encore, je vous remercie pour tout ce que vous avez fait pour Moi ces jours-ci. Plus particulièrement chers enfants, je vous remercie au Nom de Jésus pour les sacrifices que vous avez offerts dans la semaine qui vient de passer. Chers enfants, vous oubliez que je désire des sacrifices de vous, pour pouvoir vous aider et éloigner Satan de vous. C'est pourquoi je vous invite de nouveau à offrir vos sacrifices avec un profond respect envers Dieu. Merci d'avoir répondu à mon appel. »

Informations

Nous profitons de cette publication pour donner un court aperçu des plus importants événements depuis cinq ans. Il y a toujours quatre voyants qui ont des rencontres quotidiennes avec Notre Dame. Ce sont VICKA, MARIJA, IVAN et JAKOV. (Mirjana et Yvanka ne la voient plus quotidiennement.)

VICKA — Elle a eu trois périodes sans apparitions de la Vierge, une de cinquante jours (du 7 janvier 1986 au 24 février 1986) et l'autre de quarante jours (du 24 avril 1986 au 3 juin 1986) et la troisième de cinquante jours (du 25 août 1986 au 20 octobre 1986). Elle en connaît la raison, mais ne la divulgue pas. Le 21 avril 1986, Notre Dame terminait de lui raconter sa vie. Le 22 avril, elle a reçu le neuvième secret. Le 23 avril, Notre Dame a terminé de lui raconter l'avenir du monde.

Ces manuscrits et d'autres aussi vont être publiés en temps et lieu.

IVAN est parti pour son service militaire obligatoire. La Vierge Marie lui apparaît en dehors de la base militaire, quand il est en congé. Cependant, quand il est à la base militaire, il a alors des locutions intérieures de la part de Notre Dame.

MARIJA reste chez elle, toujours prête au service des pèlerins. Elle dit qu'elle rentrera au couvent dès la fin des apparitions *quotidiennes.* Elle reçoit les messages tous les jeudis. Ces messages sont pour la paroisse, l'Église et le monde.

JAKOV est étudiant au secondaire à Citluck. Notre Dame lui apparaît tous les jours. Son père et sa mère sont décédés durant les apparitions. La Vierge Marie a terminé de lui parler de l'avenir du monde.

MIRJANA étudie à Sarajevo. Cette dernière année, elle a eu plusieurs rencontres avec Notre Dame concernant les secrets. La dernière rencontre date du 4 juin 1986. Notre Dame lui a déjà tout dit au sujet des secrets, dit Mirjana. Elle n'aura, désormais, d'apparitions qu'aux jours de son anniversaire le 18 mars.

IVANKA a cessé de voir la Vierge le 7 mai 1985. Ce jour-là, elle a appris le dixième secret. Elle a vu la Vierge Marie le 25 juin 1986 (anniversaire des apparitions). Elle la reverra maintenant le 25 juin de chaque année. La Vierge Marie lui a parlé du passé et de l'avenir de l'Église.

Nous pouvons dire que tous les voyants essaient de vivre, le mieux qu'ils peuvent, ce que Notre Dame leur dit de nous transmettre en son nom.

Cela n'est pas facile pour eux, pour les paroissiens et pour les pèlerins. On ne devient pas parfait d'un coup. Il nous faut à tous les jours recommencer à fournir des efforts pour répondre aux messages de Marie.

Concernant les pèlerins, le Père Barbarick nous dit qu'ils sont de plus en plus nombreux. « Les pèlerinages organisés sont devenus une réalité quotidienne. De notre pays, les Slovènes sont les plus nombreux. De l'Italie, les pèlerinages continuent d'affluer. Il en est de même des pays germaniques. Souvent, ils arrivent par groupes de 120 et passent une semaine à Medjugorje suivant un programme intense de prière. Les voyages organisés des États-Unis et du Canada sont aussi nombreux. »

Il y a tellement de grâces accordées en ce lieu qu'on ne peut les dénombrer. Peut-être est-il bon, cependant, de vous signaler que le 26 avril de cette année, un ingénieur en informatique, âgé de 26 ans, et venant d'Australie, a été baptisé. Né dans une famille protestante, il n'a pas été baptisé. Il a entendu parler de Medjugorje par un ami. Sans hésitation, il est venu et il a trouvé la foi. Il est devenu membre de l'Église Catholique et il songe maintenant à devenir prêtre.

Certes, nous ne saurons jamais combien de grâces ont été reçues à Medjugorje. Combien ont été éveillés à l'esprit de prière et de pénitence; combien ont retrouvé la paix! Cela demeure le secret des âmes ouvertes à Dieu par Notre Mère la Très Sainte Vierge Marie.

Personne ne connaît la fin des apparitions ni tout ce qui va se produire encore. Une chose cependant est claire. Dans tous les messages, Marie nous appelle à la prière *individuelle* et *familiale*, à la célébration de la Sainte *Eucharistie*, au *jeûne* et à la *confession mensuelle*. Elle nous appelle à un changement de vie par lequel seulement la paix entrera en nous, dans nos familles, dans l'Église et dans le monde.

Situation générale

Quelques mots sur la situation générale actuelle. Les secrets confiés aux voyants sont au nombre de dix. Quand les voyants connaisssent les dix secrets, ils ne voient plus la Vierge Marie quotidiennement. Un *SIGNE* apparaîtra sur la colline des apparitions après les deux premiers avertissements. Ce signe sera visible, permanent et indestructible: signe que les incroyants ne pourront nier. Puis le troisième avertissement suivra. Tous les voyants connaissent le *SIGNE* mais tous ne connaissent pas la date. Le prêtre qui dévoilera les secrets a été choisi. Son nom est Petar Ljubicic. Il devra jeûner sept jours avant de dévoiler le premier secret. (Premier avertissement)

Un rapport scientifique international franco-italien (Janvier 1986) a été remis au Saint Père et au Cardinal Ratzinger. Depuis le mois de mai 1986, le dossier de Medjugorje ne relève plus de l'évêque de Mostar mais de Rome.

Père Guy Girard, s.ss.a.

Le visage de Notre Dame à Medjugorje

Nous voulons, à partir des voyants, de ce qu'ils nous ont dit, au sujet des messages principaux et des messages particuliers, vous tracer le merveilleux visage de Marie, Reine de la Paix.

Notre Dame s'est présentée d'une façon claire ne laissant aucun doute sur son identité. Son visage humain et aussi céleste est tellement l'un et l'autre qu'il n'est pas possible de la décrire complètement, disent les voyants. Cependant, certains traits sont aussi clairs qu'on y reconnaît le visage biblique de cette jeune fille de la Palestine, que le Très Haut a comblée.

La Très Sainte Vierge

Tout d'abord, Notre Dame se présente à Medjugorje, Elle-même en tant que Vierge. Tout de suite au début des apparitions, Elle dit aux voyants: «Je suis la Bienheureuse Vierge Marie» (26 juin 1981). Les voyants l'ont pressentie dès le premier jour des apparitions par sa figure. Et c'est justement ce que les Saintes Écritures et la Tradition catholique témoignent d'Elle.

Mère de Dieu et Mère des hommes

C'est par ses paroles et par ses actions que Notre Dame, à Medjugorje, s'est présentée comme la Mère de Dieu et la Mère de tous les hommes. Le premier jour des apparitions, Elle apparaît tenant Jésus dans ses bras, témoignant ainsi de sa maternité divine. Après, Elle a mentionné plusieurs fois que Jésus Christ était son Fils. Cela s'accorde entièrement avec la Sainte Bible, dans laquelle, à plusieurs reprises, on fait ressortir sa maternité divine. D'une façon aussi claire, Elle a démontré qu'Elle était la Mère de tous les hommes: «Soyez conscients, mes bien-aimés, que Je suis votre Mère» (29 novembre 1984). Ses apparitions, à une époque où les hommes sont arrivés au bout de leurs forces intellectuelles, physiques et morales, époque où les hommes semblent incapables de s'arrêter devant un désastre mondial, Notre Dame témoigne, comme toujours, de son amour maternel pour le monde entier. Il semble que cet amour ne lui permet pas de quitter ses enfants avant de leur assurer le salut. C'est la raison de la fréquence de ses apparitions et de la durée (plus de 5 ans). Elle dit: «Je suis restée aussi longtemps pour vous aider dans les épreuves...» (7 février 1985). «Je voudrais que vous soyez tous miens...» (1er mars 1984). C'est ainsi qu'Elle se montre vraiment la Mère de tous les hommes. Elle n'ignore personne.

Tous les hommes sont ses enfants (les catholiques, les orthodoxes, les musulmans...). Totalement ouverte envers les pécheurs pour les atteindre de sa personne et de ses messages, Elle est patiente dans l'attente de la conversion. Elle est infatigable dans sa tâche d'éveiller et de guider vers Dieu.

Servante du Seigneur

À Medjugorje, Notre Dame s'est montrée comme servante du Seigneur. Elle ne se présente pas en son nom mais au nom de Dieu. Le 21 mars 1985, Elle dira que c'est le Très Haut qui l'envoie. Elle veut des disciples de Jésus, Elle n'apporte pas son enseignement, mais celui de Dieu. Tous les messages sont enracinés dans l'Évangile. Ce qu'Elle fait, c'est qu'Elle leur donne par son amour un dynamisme qui les rend plus faciles. Par son exemple et par sa vie Elle éveille. Ce qui importe, ce n'est pas sa gloire, même si Elle est glorieuse d'humilité, mais la gloire de Dieu. En lisant les messages, on La découvre dirigeant les hommes vers le Père Éternel, vers Jésus Christ, vers l'Esprit Saint. «Faites tout ce qu'Il vous dira» (Jn 2, 5). Sa mission de servante s'exprime par les nombreuses guérisons physiques et de très nombreuses guérisons morales. Et pourtant Elle ne dit pas remerciez-moi. Elle incite à rendre grâce à Dieu.

Femme en lutte contre Satan

Cette femme que l'Écriture nous révèle ou nous présente dans l'inconciliable adversité de Satan,

c'est la même qui parle et agit à Medjugorje. Notre Dame est consciente de la situation et des circonstances dans lesquelles Elle désire remplir sa mission. Elle connaît très bien les dangers de toutes sortes qui viennent de la part de Satan, son ennemi le plus grand et l'ennemi de ses enfants. Combien de fois Elle prévient de la présence de Satan dans le monde, de sa méchanceté et du danger mortel dont la paroisse et tous les autres sont menacés (12 juillet 1984; 19 juillet 1984...). Elle avertit sérieusement: «Satan est si puissant et il emploie toute sa force pour faire obstacle à mes plans que j'ai commencés avec vous...» (14 janvier 1985).

Notre Dame de Medjugorje est liée à La Femme de l'Écriture, non seulement par son adversité envers Satan, mais aussi et surtout par sa VICTOIRE sur lui. Même si la force de Satan et sa fureur sont immenses, Notre Dame à Medjugorje est en train de lui écraser la tête. Le 5 septembre 1985, Elle dit que «le plan de Satan a été détruit...». Au-delà de cinq millions de pèlerins; des conversions innombrables connues de Dieu et de ses prêtres, une FOI plus étendue, plus générale, plus approfondie; une prière plus fervente accompagnée du sacrement du pardon et de la communion; une dévotion plus sincère, un esprit chrétien renouvelé; tous ces fruits sont les résultats évidents des apparitions de Notre Dame et de son action. Pourquoi pas, en même temps, le présage d'une victoire totale sur Satan?

Un flot abondant de pèlerins, déjà depuis 5 ans, arrive à Medjugorje. Tous ces assoiffés et ces affamés de Dieu ne font qu'augmenter. Ils viennent

de tous les coins du monde, ils retournent transformés par les apparitions, les messages et surtout la prière. Ils retournent ne désirant plus qu'être le «levain dans la pâte» et «la Lumière du monde». Ils ont connu et reconnu en Marie Reine de la Paix, la Bienheureuse Vierge Marie; la Mère de Dieu et la Mère des hommes; la servante du Seigneur et celle qui va vaincre Satan.

Par cette intervention extraordinaire, Marie essaie d'aider ses enfants à approcher Dieu et à approfondir leur Foi. Ô Marie Reine de la Paix, Medjugorje est évangélique, tes messages sont évangéliques, tes résultats sont évangéliques. Tu nous rappelles constamment à l'Évangile. Nous savons que tout cela n'est pas le fruit des voyants et des millions de pèlerins. C'est le fruit de Ta présence parmi nous. Tu es la source de grâces qui inonde et regénère l'Église tout entière.

Quel dommage, si de force on arrêtait de laisser couler cette source de grâces!

Quel dommage, si de force on empêchait le monde d'apprendre ce qui se passe à Medjugorje!

Marie Reine de la Paix TU ES L'ESPOIR DU MONDE.

P. Ljudevit Rupsic
P. Armand Girard

Prières pour la paix

Paix, ô douce Paix
sois notre espérance.

Reine de la Paix
reçois notre louange.

De tous dangers
protège-nous.
Dans les combats
reste avec nous.

Pour glorifier le Père Éternel
donne-nous ton amour.

Ô Trinité Sainte, avec Notre Mère,
acclamons la miséricorde,
la puissance de votre éternel amour.

Reine de la Paix, entends la prière
de tes enfants de la terre
te suppliant de leur donner la Paix.

Amen.

Index

Achevé d'imprimer à Montréal
par les Presses Élite Inc.